关于实施《中华人民共和国公司法》
注册资本登记管理制度的规定

中国法制出版社

国务院关于实施《中华人民共和国公司法》注册资本登记管理制度的规定

GUOWUYUAN GUANYU SHISHI《ZHONGHUA RENMIN GONGHEGUO GONGSIFA》
ZHUCE ZIBEN DENGJI GUANLI ZHIDU DE GUIDING

经销/新华书店
印刷/保定市中画美凯印刷有限公司
开本/850 毫米×1168 毫米　32 开　　　　　　　　　印张/0.5　字数/6 千
版次/2024 年 7 月第 1 版　　　　　　　　　　　　　2024 年 7 月第 1 次印刷

中国法制出版社出版
书号 ISBN 978-7-5216-4555-2　　　　　　　　　　　　定价：5.00 元

北京市西城区西便门西里甲 16 号西便门办公区
邮政编码：100053　　　　　　　　　　　　　　　传真：010-63141600
网址：http://www.zgfzs.com　　　　　　　编辑部电话：**010-63141673**
市场营销部电话：010-63141612　　　　　　印务部电话：**010-63141606**

（如有印装质量问题，请与本社印务部联系。）

国务院关于实施《中华人民共和国公司法》注册资本登记管理制度的规定

中国法制出版社

目 录

中华人民共和国国务院令（第784号）……………（1）

国务院关于实施《中华人民共和国公司法》

  注册资本登记管理制度的规定 ………………（2）

司法部　市场监管总局负责人就《国务院

  关于实施〈中华人民共和国公司法〉注

  册资本登记管理制度的规定》答记者问…………（6）

中华人民共和国国务院令

第 784 号

《国务院关于实施〈中华人民共和国公司法〉注册资本登记管理制度的规定》已经2024年6月7日国务院第34次常务会议通过,现予公布,自公布之日起施行。

总理　　李强

2024 年 7 月 1 日

国务院关于实施《中华人民共和国公司法》注册资本登记管理制度的规定

第一条 为了加强公司注册资本登记管理，规范股东依法履行出资义务，维护市场交易安全，优化营商环境，根据《中华人民共和国公司法》（以下简称公司法），制定本规定。

第二条 2024年6月30日前登记设立的公司，有限责任公司剩余认缴出资期限自2027年7月1日起超过5年的，应当在2027年6月30日前将其剩余认缴出资期限调整至5年内并记载于公司章程，股东应当在调整后的认缴出资期限内足额缴纳认缴的出资额；股份有限公司的发起人应当在2027年6月30日前按照其认购的股份全额缴纳股款。

公司生产经营涉及国家利益或者重大公共利益，国务院有关主管部门或者省级人民政府提出意见的，国务院市场监督管理部门可以同意其按原出资期限出资。

第三条 公司出资期限、注册资本明显异常的，公司登记机关可以结合公司的经营范围、经营状况以及股东的出资能力、主营项目、资产规模等进行研判，认定违背真实性、合理性原则的，可以依法要求其及时调整。

第四条 公司调整股东认缴和实缴的出资额、出资方式、出资期限，或者调整发起人认购的股份数等，应当自相关信息产生之日起20个工作日内通过国家企业信用信息公示系统向社会公示。

公司应当确保前款公示信息真实、准确、完整。

第五条 公司登记机关采取随机抽取检查对象、随机选派执法检查人员的方式，对公司公示认缴和实缴情况进行监督检查。

公司登记机关应当加强与有关部门的信息互联共享，根据公司的信用风险状况实施分类监管，强化信用风险分类结果的综合应用。

第六条 公司未按照本规定调整出资期限、注册资本的，由公司登记机关责令改正；逾期未改正的，由公司登记机关在国家企业信用信息公示系统作出特别标注并向社会公示。

第七条 公司因被吊销营业执照、责令关闭或者被撤销，或者通过其住所、经营场所无法联系被列入经营异常名录，出资期限、注册资本不符合本规定且无法调整的，公司登记机关对其另册管理，在国家企业信用信息公示系统作出特别标注并向社会公示。

第八条 公司自被吊销营业执照、责令关闭或者被撤销之日起，满 3 年未向公司登记机关申请注销公司登记的，公司登记机关可以通过国家企业信用信息公示系统予以公告，公告期限不少于 60 日。

公告期内，相关部门、债权人以及其他利害关系人向公司登记机关提出异议的，注销程序终止。公告期限届满后无异议的，公司登记机关可以注销公司登记，并在国家企业信用信息公示系统作出特别标注。

第九条 公司的股东或者发起人未按照本规定缴纳认缴的出资额或者股款，或者公司未依法公示有关信息的，依照公司法、《企业信息公示暂行条例》的有关规定予以处罚。

第十条 公司登记机关应当对公司调整出资期限、注册资本加强指导，制定具体操作指南，优化办理流程，提高登记效率，提升登记便利化水平。

第十一条 国务院市场监督管理部门根据本规定，制定公司注册资本登记管理的具体实施办法。

第十二条　上市公司依照公司法和国务院规定，在公司章程中规定在董事会中设置审计委员会，并载明审计委员会的组成、职权等事项。

第十三条　本规定自公布之日起施行。

司法部　市场监管总局负责人就《国务院关于实施〈中华人民共和国公司法〉注册资本登记管理制度的规定》答记者问

2024年7月1日，国务院总理李强签署国务院令，公布《国务院关于实施〈中华人民共和国公司法〉注册资本登记管理制度的规定》（以下简称《规定》），自公布之日起施行。日前，司法部、市场监管总局负责人就有关问题回答了记者提问。

问：请简要介绍一下《规定》的出台背景。

答：党中央、国务院高度重视完善中国特色现代企业制度，持续优化营商环境。2023年12月29日，十四届全国人大常委会第七次会议通过修订后的《中华人民共和国公司法》（以下简称新《公司法》），自2024年7月1日起施行。新《公司法》针对公司注册资本认缴制实践中出现的"认缴出资期限过长""天价出资"

"空壳公司"影响交易安全、损害债权人利益、扰乱市场秩序等问题，对公司注册资本认缴制作了调整，规定有限责任公司全体股东认缴的出资额由股东按照公司章程的规定自公司成立之日起5年内缴足，股份有限公司发起人应当在公司成立前按照其认购的股份全额缴纳股款。同时，规定新《公司法》施行前已登记设立的公司（以下称存量公司）出资期限超过规定期限的，应当逐步调整至规定期限以内；对于出资期限、出资额明显异常的，公司登记机关可以依法要求其及时调整；并授权国务院制定具体实施办法。全国人大常委会在审议通过新《公司法》时明确要求，要抓紧制定具体实施办法，在2024年7月1日与新《公司法》同步实施。

为落实新《公司法》和全国人大常委会要求，市场监管总局在深入调研、征求有关方面意见并向社会公开征求意见基础上，研究起草并向国务院报送了《国务院关于实施〈中华人民共和国公司法〉注册资本登记管理制度的规定（草案送审稿）》。司法部在立法审查中，广泛征求了中央有关单位、各省级人民政府意见，会同市场监管总局开展实地调研，召开座谈会、专家论证会听取意见建议，对重点问题反复研究，修改形成了《规定》草案。

问：制定《规定》总体思路是什么？

答：坚持以习近平新时代中国特色社会主义思想为指导，深入贯彻落实党中央、国务院关于优化营商环境的决策部署。总体思路：一是坚持问题导向，聚焦存量公司适用新《公司法》问题，完善过渡期相关制度安排；二是坚持稳妥推进，兼顾法律统一实施和存量公司实际，合理明确存量公司调整出资期限的时限要求，推动公司注册资本登记管理制度改革平稳过渡；三是坚持统筹协调，在新《公司法》框架内补充完善相关规定，同时做好与《企业信息公示暂行条例》等行政法规的衔接。

问：为落实新《公司法》关于存量公司调整出资期限要求，重点作了哪些规定？

答：为推动新《公司法》平稳施行，消除存量公司对于调整出资期限不确定的担忧，为存量公司调整出资期限预留较为充裕的时间，《规定》根据我国当前存量公司数量和出资情况，并结合有关方面的意见建议，为存量公司调整出资期限设置了为期3年的过渡期，具体而言：一是有限责任公司剩余认缴出资期限自2027年7月1日起超过5年的，应当在2027年6月30日前将其剩余认缴出资期限调整至5年内，股东应当在调整后的认缴出资期限内足额缴纳认缴的出资额；二是股份有限公司的发起人应当在 2027 年 6 月 30 日前按照其认购的股份全额缴纳股款。此外，《规定》在遵循新《公司法》基本原则和要求前提下，对涉国家利益或者重大公共利益的存量公司出资期限调整作出例外安排，规定公司生产经营涉及国家利益或者重大公共利益，国务院有关主管部门或者省级人民政府提出意见的，国务院市场监督管理部门可以同意其按原出资期限出资。

问：对于公司出资异常问题，主要作了哪些规定？

答：针对当前一些存量公司认缴出资期限过长、注册资本过高，不符合实际情况甚至有悖常识的问题，《规定》根据新《公司法》要求，规定公司出资期限、注册资本明显异常的，公司登记机关可以结合公司的经营范围、经营状况以及股东的出资能力、主营项目、资产规模等进行研判，认定违背真实性、合理性原则的，可以依法要求其及时调整。

问：公司调整出资期限等需要履行哪些义务？未按规定履行义务将面临什么后果？

答：根据新《公司法》和《企业信息公示暂行条例》，《规定》细化了公司调整出资期限等有关义务：一是公司调整股东认缴和实缴的出资额、出资方式、出资期限或者发起人认购的股份数的，应当依法向社会公示；二是公司登记机关对公司公示认缴和实缴情况进行监督检查，根据公司的信用风险状况实施分类监管；三是公司未按照本规定调整出资期限、注册资本的，由公司登记机关责令改正；逾期未改正的，由公司登记机关在国家企业信用信息公示系统作出特别标注并向社会公示。此外，对于公司的股东或者发起人未依法履行实缴义务，或者公司未依法公示有关信息的，依照新《公司法》《企业信息公示暂行条例》的有关规定予以处罚。

问：对于新《公司法》中的公司强制注销制度，作了哪些细化规定？

答：为清理名存实亡的"僵尸公司"，更好推动公司注册资本登记管理制度落地实施，《规定》对新《公司法》中的公司强制注销规定作了细化：一是公司自被吊销营业执照、责令关闭或者被撤销之日起，满3年未向公司登记机关申请注销公司登记的，公司登记机关可以通过国家企业信用信息公示系统予以公告，公告期限不少于60日；二是公告期内，相关部门、债权人以及其他利害关系人向公司登记机关提出异议的，注销程序终止；三是公告期限届满后无异议的，公司登记机关可以注销公司登记，并在国家企业信用信息公示系统作出特别标注。

问：《规定》要求上市公司依照公司法和国务院规定，在公司章程中规定在董事会中设置审计委员会，主要考虑是什么？

答：新《公司法》规定，股份有限公司可以按照公司章程的规定在董事会中设置审计委员会，行使监事会的职权，不设监事会或者监事。我国资本市场于2001年首次在上市公司治理结构中引入审计委员会制度。2018年证监会《上市公司治理准则》将审计委员会确定为上市公司必设机构。目前，所有上市公司均设置了审计委员会。审计委员会在强化对公司内部控制、财务信息监督等方面发挥了积极作用。2023年4月，为进一步优化上市公司独立董事制度，国务院办公厅印发《关于上市公司独立董事制度改革的意见》，明确要求上市公司董事会应当设置审计委员会。为落实新《公司法》和《关于上市公司独立董事制度改革的意见》要求，《规定》明确上市公司依照公司法和国务院规定，在公司章程中规定在董事会中设置审计委员会，并载明审计委员会的组成、职权等事项。下一步，证监会将出台配套制度规则，细化上市公司审计委员会的组成、职权等规定，为上市公司审计委员会运作和更好发挥作用提供具体指引和保障。

问：《规定》施行后，还将重点做好哪些工作？

答：市场监管总局将和有关部门共同做好《规定》贯彻实施工作：一是开展宣传解读。充分结合地方实际，通过制定办事指南、宣传手册、视频动画等方式在市场监管部门官网、办事大厅、登记注册界面等加强政策解读，帮助企业准确把握《规定》要求，解决登记过程中遇到的困难和问题。二是出台配套规章。加快制定公司登记注册的实施办法等规章，对生产经营涉及国家利益或者重大公共利益的可以按原出资期限出资的具体情形、注册资本明显异常的具体认定和处理、公司另册管理制度等作细化规定；修订企业信息公示配套规章，完善企业信息公示和信用监管相关要求。三是做好相关保障。改造升级经营主体登记注册系统和国家企业信用信息公示系统，完善登记申请文书和材料规范，持续优化登记注册办理流程，提升登记效率，不断提高公司办事体验和满意度。

ISBN 978-7-5216-4555-2

定价：5.00元